Arthur Maibach

Katzenstein
Eine Entmythologisierung des Kindlisteins und ein Mahnmahl der Frauenunterdrückung

Arthur Maibach

Katzenstein

Eine Entmythologisierung des Kindlisteins und ein Mahnmahl der Frauenunterdrückung

Spiezer Veröffentlichungen
zu Geschichte und Heimatkunde
Herausgegeben von Arthur Maibach

1

Rediroma-Verlag

Bibliografische Information der Deutschen Nationalbibliothek:
Die Deutsche Nationalbibliothek verzeichnet diese Publikation in der Deutschen Nationalbibliografie; detaillierte bibliografische Daten sind im Internet über http://dnb.ddb.de abrufbar.

ISBN 978-3-86870-885-1

www.rediroma-verlag.de
13,95 Euro (D)
15,00 CHF

Inhaltsverzeichnis

Vorwort 6

1 Einleitung 8

2 Katzenstein 10

3 Kindlistein 13

4 Frau 21

5 Sagen 24

6 Mythologie 27

7 Kindlisteine 32

8 Steingeschichten 38

9 Dunghaufen 43

10 Findelkind 45

11 Ammen 53

12 Babyklappe 54

13 Storch 57

14 Rutschstein 67

15 Der Katzenstein im Winzerdorf 72

Vorwort

Wer durch den Rebberg von Spiez wandert, vom Schloss in Richtung Rebberg schaut oder mit dem Schiff die Bucht ansteuert, sieht diesen markanten Stein, der an eine liegende Katze erinnert. Sein Aussehen hat ihm darum wohl auch den Namen gegeben, den er heute noch trägt. Der Katzenstein wurde zu einem Wahrzeichen von Spiez und den Rebberg könnte man sich ohne ihn kaum mehr vorstellen. Wenn nun aber jemand das Wort Katzenstein erwähnt und ich frage, was denn damit sei, erhalte ich oft keine oder nur eine ausweichende Antwort. Einige wenige sagen, es sei ein Kindlistein, aber mehr ist nicht zu erfahren. Mein Interesse war nun geweckt und ich wollte mehr wissen. Wissen, warum ein Stein Kindlistein genannt wird. Das Ergebnis dieser Forschungsarbeit habe ich nun in diesem Buche zusammengefasst.

Ein Kindlistein ist etwas ganz Reales und absolut nichts Mystisches. Ob dieser Stein nun ein Kraftort sei oder nicht, muss jeder für sich ganz allein entscheiden. So wie ich es sehe, ist ein Kraftort nicht ein bestimmtes Objekt, eine Region oder eine bestimmter Punkt, sondern etwas, das Kraft gibt. So ist sicher jede Kirche ein Kraftort, weil die Kraft Gottes durch die Worte des Geistlichen in die Gemeinde dringt und die Gottesdienstbesucher gestärkt und mit neuer Kraft in den

Alltag gehen können. Oder auch der eigene Ehepartner kann ein Kraftort sein, ich jedenfalls empfinde es so. Meine Frau gibt mir Kraft und hält mir den Rücken frei, sie ist mein Kraftort. So will ich an dieser Stelle meiner Frau Dora danken, dass sie oft auf mich verzichten musste, meine Texte kritisch gelesen und mich auf den Fototouren begleitet hat.

Möge nun dieses Buch zum Nachdenken anregen. Wir leben in einer Zeit, wo wir mit Informationen überhäuft werden. Viele wissen alles oder tun so und meinen, mit ihrem Google- und Wikipediawissen alles erklären zu können. Das Wissen ist nicht mehr im Kopf, sondern in einem elektronischen Gerät, welches auf Knopfdruck immer die richtige Antwort bereithält. In diesem Buch sind neue Erkenntnisse und eigene Interpretationen zusammengefasst. So hoffe ich, dass diese Worte zu spannenden Gesprächen und mehr Toleranz unter den Menschen führen können.

Arthur Maibach

1 Einleitung

In einigen wenigen Spitälern in der Schweiz ist ein Babyfenster eingebaut, ein kleiner Kasten in der Spitalmauer, wo ein neugeborenes Menschlein, welches nicht von der leiblichen Mutter genährt, aufgezogen und erzogen werden kann, hingelegt werden kann. Das Babyfenster ist oft der einzige Ausweg, dem Kinde, dem nun das Leben geschenkt wurde, dieses nicht sogleich wieder zu nehmen. Menschen in Not sind oft zu allem bereit, was Friedrich Schiller im Jahr 1782 dazu bewog, das Gedicht »Die Kindsmörderin« zu schreiben. Das Gedicht handelt von einer enttäuschten Liebe, ein typisches Thema dieser Epoche, welches sich bis zum heutigen Tag erhalten hat. »Sie ist verzweifelt, fühlt sich von ihrem Geliebten verraten, der bereits die nächsten Mädchen verführt.«

Der Gedanke an ihre Zukunft und die des Kindes war ein entscheidender Faktor für den Mord. »Sie war nicht verheiratet, so wird ihr der Mann und dem Kind der Vater fehlen. Ihr Kind wird ein Uneheliches sein und es wird genau so verstoßen und geächtet sein wie sie selbst.«

Die Frau und das Kind waren die Leidtragenden, der Erzeuger, oft eine angesehene Persönlichkeit, ein Patron, einer, der sich mit dem Zimmermädchen einließ, oder einer, der sich nahm, was er wollte, wusste sich zu verleugnen. Männer, die alle Verantwortung ablehnten, und eine anständige junge Frau, die auch geliebt werden möchte, zur Hure machten. Männer, die ihre Hände in Unschuld waschen und werdende Mütter zum Morden zwangen. Die Kindsmörderin wurde hingerichtet, der Vater des Kindes und somit der Anstifter des Mordes, war womöglich unter den Zuschauern bei der Hinrichtung und fühlte sich unschuldig. Heute ist dies jedoch nicht anders, nur gibt man diesem Morden einen anderen Namen, man nennt es Abtreibung und es ist legal.

Friedrich Schiller kritisierte mit seinem Gedicht die Gesellschaft, die bürgerliche Moral, das Bestrafen von Frauen, weil diese Gefühle haben und danach handeln. Und er kritisiert, dass der Mann in einer hohen Rangordnung eingestuft wird und keine Strafe erhält, obwohl er an der Tragödie mitschuldig ist. Schwanger sein, gebären, leiden, einen Kindsmord ausführen und selber mit dem Schwert gerichtet werden musste die Frau, während der Mann sich mit der Nächsten vergnügte. Und hier liegt der Grund, warum es in vielen Dörfern einen Kindlistein gibt.

2 Katzenstein

Der Katzenstein zu Spiez wird wegen seines Aussehens, eine Katze in Kauerstellung, so genannt. Er steht in den Rebbergen von Spiez, ist etwa fünf Meter hoch und aus Innertkircher Granit, von woher ihn der Gletscher gebracht im Gebiet der heutigen Reben niedergelegt hat. Der Standort dieses Felsen ist ein Akt der Natur, der Fließgeschwindigkeit des Gletschers und dem Taupunkt. Er liegt genau an diesem Ort, weil die Zeit und die Temperaturen das so wollten. Der Findling wird auch erratischer Block oder Erratiker genannt und ist ein einzeln liegender Stein. Das Wort Erratischer Block oder Erratiker kommt vom Lateinischen »errare« = umherirren, umherstreifen, da dieser Block mit dem Gletscher umhergeirrt ist. Jedoch ist ein so grosser Stein inmitten einer Grünfläche sehr imposant und ungewöhnlich, was sicher dazu führte, ihm alle möglichen Geschichten anzudichten. Jedoch gilt er als Kindlistein und ist ein Wahrzeichen von Spiez. Beim Kindlistein holten die Ammen die Kinder, auch soll er ein Fruchtbarstein sein und viele andere Geschichten werden ihm angedichtet. Steine oder große Felsen, welche alleine im Gelände stehen, regten schon immer die Fantasie der Menschheit an. Eine Geschichte, der viel Wahrheit anhaftet, ist diese, dass beim Stein Kinder »geholt« wurden. Nun mussten diese

Kleinkinder, Babys, irgendwie dorthingekommen sein. Um auf diese Frage und einige anderen interessante Vorkommnisse eine Antwort zu finden, versuche ich mit dieser kleinen Schrift, den Dingen einen Namen zu geben. Vorerst wollen wir uns den Kindern widmen, welche diesem Stein den Namen gaben. Das Wort Kindli, oder Chindli, ist eine Verniedlichung von Kind, somit handelt es sich um kleine Kinder, um sehr kleine Kinder, also um Neugeborene. Babys, die irgendwie dorthin kamen, dort nach kurzer Zeit gefunden und abgeholt wurden.

Dass der Katzenstein im Weinberg steht, mag ein Zufall sein. Der Stein ragte schon lange, bevor Wein angebaut wurde, aus diesem der Sonne zugeneigten Hang. Ja, der Wein! Wein, Weib und Gesang wird in einem deutschen Volkslied gesungen, bei dem es recht zur Sache geht:

»Weiber knöpft auf euer Hemd aber schnell
Denn wir Mannen lieben Blusen ohne »l«
Bleibt das Hemd zu bis oben
Kriegt ihr keinen Mann zum Toben
Tut ihr's doch gibt's Gejaul und Gebell.

Wein ist ein altes Lebens- und Genussmittel und wird in unzähligen Liedern besungen. Oft jedoch wird der Genuss von Wein mit Liebe, Mägdelein, Weib und Frauen in Zusammenhang gebracht.

Wein löst die Zunge, Wein lässt Lieder erklingen, Wein öffnet die Herzen und manchmal auch die Kleider. So kann es vorkommen, dass in der fröhlichen Stimmung Verstand und Hemmungen dahin schwinden, sodass Monate später ein Kind das Licht der Welt erblickt, in eine Welt, die nicht auf dieses kleine Geschöpf gewartet hat. Und so ist der Kreis geschlossen. Der Ort, wo die Trauben reiften und zu Wein gekeltert wurden, wird zum Ort, wo die Liebe blüht und das daraus Entstandene hingelegt wurde, in der Hoffnung, dass es bald gefunden und gut umsorgt werde.

3 Kindlistein

Einen Kindlistein gibt es, weil Frauen, aus welchen Gründen auch immer, ungewollt Kinder bekamen, diese nicht selber ernähren und großziehen konnten und sich gezwungen fühlten, das Neugeborene in fremde Hände zu geben. Dazu wollen wir uns vorerst mit der Frau, der Mutter, dem Vater und dem Mann beschäftigen. Das Wort Frau kommt in der Bibel gerade mal 17 mal vor und Weib wird 195 mal erwähnt, das sind 212 Nennungen des weiblichen Geschlechts. Dem gegenüber findet der Mann 364 Erwähnungen. Dazu kommt noch einmal Männin, 1. Moses 2,23 (man wird sie Männin heißen) und 7 mal Männlein. Total 372 mal Mann, wobei Männin bei den Frauen zugeordnet werden kann, da es sich offensichtlich um eine Frau handelte. Das Wort Mutter findet 136 Erwähnungen und Vater (nicht Gott, sondern der Mensch in natürlicher und anderer Beziehung) 211 mal. Aus dieser kurzen Gegenüberstellung wird klar ersichtlich, dass das männliche Geschlecht massiv in Überzahl genannt wird. Obschon Männer oft schuldig sind, dass Frauen unschuldig schwanger werden und zu Schuldigen werden. Der Mann kann sich von Frau und werdendem Kind abwenden, die Frau ist in jedem Fall das Opfer und wird oft als Hure abgestempelt. Was den Frauen angetan wurde und zum Teil noch heute angetan wird, ist mit Worten nicht zu fassen und zählt zu den schrecklichsten und grauenhaftesten Verbrechen der Menschheitsgeschichte.

In der schweizerischen Sagenlandschaft sind einige Geschichten zu finden, wo Frauen zu Kindsmörderinnen wurden:

Die Kindsmörderin von Altlandenberg

Vor langer Zeit lebte auf Altlandenberg ein liebliches Edelfräulein, das in heimlicher Liebe einem landenbergischen Dienstmann zugetan war. Sie fürchtete den Zorn ihres Vaters, doch konnte sie von dem Liebsten nicht lassen. Ihre Angst stieg aufs Höchste, als sie das Nahen ihrer schweren Stunde spürte und an die Rückkehr des Vaters dachte. In einer mondhellen Nacht machte sie sich auf, verließ die Burg und stieg zum Lochbächlein hinunter, das unweit der Armenhub ins Tobel fließt. Dort genas die Unglückliche eines Knäbleins, das sie in die Schlucht des Baches warf. Noch lange Zeit konnte man in mondhellen Nächten eine weiße Frau mit aufgelösten Haaren sehen, welche stöhnend dort blutige Windeln wusch. Die Stelle heißt heute noch: in der Windelnwäsche.[1]

---

[1] Sagen der Schweiz, Zürich, Ex Libris Verlag, Zürich, 1986, S. 92-93

Ein Edelfräulein, das zur Kindsmörderin wurde, weil sie Angst vor dem eigenen Vater hatte. Hier war nicht der Erzeuger schuld am Tod des Knäblein, sondern ein anderer Mann, ein Patriarch, einer, der seinen Willen durchsetzte und seine eigene Tochter zu dieser grauenhaften Tat veranlasste.

Eine eher makabere und mit sehr viel Fantasie aufgebaute, jedoch auch mit einem Körnchen Wahrheit, ist folgende Geschichte aus der Stadt Bern:

Die Kindsmörderin

Als es vom Münsterturm eben Mitternacht schlug, ging ein armer alter Musikant die Fricktreppe hinunter. Da begegnete er auf der Stiege einer nach Mägdeart in ländlicher Tracht gekleideten jungen Frau mit abgehauenem Kopf. Sie trug ihn unter dem Arm und an seiner Stelle flatterten etliche Fledermäuse. Voller Schrecken eilte der Musikant in eine Herberge in der Matte, wo er die Nacht verbringen wollte. Er erzählte dort sein Abenteuer. Man sagte ihm, die öfters umhergehende junge Frau sei eine hingerichtete mehrfache Kindsmörderin, die für ihre Untaten noch nach dem Tode büßen müsse. Und die Fledermäu-

se – das seien eben die armen Seelen ihrer heimlich umgebrachten Kinder.[2]

Was an dieser Geschichte mit Sicherheit wahr ist, ist, dass Frauen, welche aus purer Not zu Kindsmörderinnen wurden, diese Tat mit dem Leben bezahlen mussten, während die Erzeuger ohne Schimpf und Tadel davonkamen und vielleicht schon die Nächste zur Kindsmörderin machten.

Bern ist auch die Stadt mit den berühmten Brunnen und einer davon hat auch etwas mit dem Ermorden von Kindern zu tun. Mit dem Ermorden von Kindern, die nie gezeugt und geboren hätten werden dürfen.

Der Kindlifresserbrunnen
Bisweilen quillt nachts aus dem Boden des Kornhausplatzes weißer Nebel, fängt an zu wallen und zu wogen, zerfließt zu einem dünnen Schleier. In diesem Nebel kann man die Körper kleiner Kinder erkennen, die hin und her tanzen und sich im Nebel drehen. Das sind die Kinder der Mönche und Nonnen, die kaum geboren in die unterirdischen Gänge geworfen wurden, die zur Aare führen. An jener Stelle, wo die sündhaften Mönche und Nonnen sich in Gewölben trafen, steht heute der Kind-

[2] Sagen der Schweiz, Bern, Ex Libris Verlag, Zürich, 1986, S. 50.

lifresserbrunnen, der dorthin schaut, wo das Kloster der sündhaften Mönche gestanden hat.[3]

Mönche und Nonnen, Männer und Frauen, die ihre Triebe nicht unterdrücken wollten und konnten, heimlich und im versteckten ihre sexuelle Lust auslebten, was oft zu unerwünschten Geburten führte. Jedoch ist eine Nonne mit einem Baby an der Brust nicht gerade das, was man sich unter einer Klostergemeinschaft vorstellt. So war das Aussetzen oder der Mord oft das Einzige, was eine »Nonnenmutter« zu ihrem eigenen Schutz tun konnte. Nonnen, die schwanger wurden und es nicht verheimlichen konnten, waren schlimmsten Strafen ausgesetzt, Entzug des Kindes, körperliche und seelische Strafen, aber auch brutalste Folter bis zur Hinrichtung mussten diese Frauen über sich ergehen lassen. Die Männer, die Mönche, kamen meist ohne Strafe davon. Obschon in Interlaken bis zum heutigen Tag ein Mönch für seine Schandtaten büßen muss. Die Sage des »Hardermannli« hörte ich als Kind oft, da ich in Interlaken aufgewachsen bin.

[3] Sagen der Schweiz, Bern, Ex Libris Verlag, Zürich, S. 53

Das Hardermannli

Als das Gotteshaus Interlaken auf der Höhe seiner Macht stand und kluge Pröpste seinen Besitz bis weit über die Tore Berns auszudehnen und ringsum den besten Alpbesitz in ihren Händen zu vereinigen verstanden hatten, als Fülle und Üppigkeit die Losung seiner Mönche geworden waren, verging auch der Ruhm der Frömmigkeit, den dieses Kloster einst im ganzen deutschen Reich besessen, und welche selbst Briefe und Privilegien der Kaiser und Könige bezeugten. Einst traf ein hoch im Harderberge lustwandelnder Mönch im Walde ein Unterseer Kind beim Holzsammeln. Er stellte ihm nach und jagte es den Waldweg entlang. Da sprang das verfolgte Mädchen in seiner Herzensangst über die furchtbare, jähe Fluh hinaus und zerschellte in der Tiefe. Der Mönch aber wurde vom himmlischen Richter irdischer Untaten in Stein verwandelt und verflucht, unerlöst Jahrtausende lang zu der Stelle seines Verbrechens niederzuschauen. Noch heute zeigen Kinder zum steinernen Antlitz über Interlaken, die Mütter aber lehren ihre Buben, wie Leidenschaften dem Menschen ein elendes Leben und ein schreckliches Ende bereiten können und wie die schrecklichen Strafen leblicher und geistiger Verdammnis dem Übel folgen. [4]

---

4 Sagen aus dem Berner Oberland, nach schriftlicher und mündlicher Quellen gesammelt und bearbeitet von Hermann Hartmann,

Eine der wenigen Sagen, wo der Mann einer Strafe nicht entkommt. Das Mädchen musste die üblen Absichten des Mönches mit dem Leben bezahlen, der Täter wird jedoch täglich von tausenden Einheimischen und Besuchern aus aller Welt gesehen und an seine Schandtat erinnert.

Mädchen und junge Frauen wurden und werden noch heute gebraucht, missbraucht und weggeworfen. Frauen wurden unterdrückt, wobei das Wort »wurden« durch das Wort »werden« ersetzt werden muss. Im Jahr 2014 erklärte mir ein Mann im Beisein seiner Ehefrau, dass Frauen in der Politik und dem Wirtschaftswesen nichts zu suchen hätten, Frauen gehören an den Herd und haben ihren Männern zu gehorchen, das Frauenstimmrecht hätte nie eingeführt werden sollen. Ich bekunde große Mühe, solche Worte hören zu müssen.

Die Frauen wurden zwar über viele Jahre, über Jahrhunderte, Jahrtausende missbraucht und unterdrückt, aber das hat sie stark gemacht. Die Frau hat sich nicht kleinkriegen lassen, trotz bis zum heutigen Tag andauernder Demütigungen. Frauen sind ein Segen für Politik und Wirtschaft und sind mit ihren Gedankengängen, mit Herz-

---

1910. Neu herausgegeben von Ursula Müller und Christoph Wyss, 1985. Druck und Verlag Schläfli AG, Buch und Offsetdruckerei, Interlaken

und Gefühlsentscheidungen und mit weiblicher Härte, aber auch mit Charme, den Männern oft überlegen. Es braucht beide, den Mann und die Frau. Es braucht beide auf Augenhöhe, weder der Mann, noch die Frau darf unter Unterdrückung leiden. Jedoch ist das noch immer nur ein Wunschdenken, ein Wunschdenken, das, so hoffe ich, bald Realität werden soll. Mögen diese Zeilen die Herzen öffnen, all die Herzen der Patriarchen, die die Frau noch immer als Eigentum, als Benutzungsobjekt, als unselbstständig und minderwertig darstellen.

4 Frau

Den Frauen, dem weiblichen Geschlecht, wurde Jahrhunderte lang eingeredet, sie seien minderwertig, so lange und so unaufhörlich, bis sie es glaubten und damit begannen, sich selbst zu demütigen und die verächtliche Unterdrückung hinzunehmen. Einige wenige Frauen hatten den Mut, sich zur Wehr zu setzen. Jedoch waren die patriarchale Männerwelt und der Klerus stärker, sodass tausende unschuldige starke Frauen zu Hexen gemacht und auf menschenverachtende, brutale Weise gefoltert und hingerichtet wurden. Grauenhafte Folter- und Hinrichtungsmethoden dachten sich Männer aus, um ihre eigene Macht zu stärken und die Frauen noch mehr zu unterdrücken.

Im Jahr 1859 schrieb eine Frau, die mit »D. V.« unterzeichnete, in der Einleitung ihres Buches »Album einer Frau«, folgende Worte: *Ich weiss wohl, dass es in den meisten Fällen uns Frauen nicht gebührt, die Feder aufzunehmen, weil es unserer Natur nicht gegeben ist denkend zu sondern und schaffend zu gestalten. Aber dennoch und gerade weil ich ein Weib bin, das eben so lebhaft die Befähigung wie die Verantwortung seines Geschlechtes fühlt, habe ich geglaubt den Frauen dieses Buch, trotz der tausend Mängel, an welchen die Frauenarbeit leiden mag, nicht vorenthalten zu dürfen. Denn wenn auch der Schrift-*

steller sie alle zu vermeiden wüsste und kein edler Mann die Wichtigkeit des Frauenberufes unterschätzt, so gehört doch vielleicht volles Mitgefühl einer weiblichen Natur und weiblichen Seelenlebens dazu, um zu entdecken und anzugeben, wodurch wir Frauen am ehesten wirklich werden können, was jeder bessere Mann in uns suchen muss und was die Welt in uns bedarf.

Ich bin der Meinung, dass das Bewusstsein, wie sehr und wodurch die Frauen dem Manne und der Welt dienen können, im Allgemeinen noch nicht klar und lebendig genug unter uns Frauen wohnt, dass es aber in dem Maße erwachen und Frucht bringen müsste, wie unsere wahrhafte innere Fortbildung Hand in Hand ginge und der natürlichen Entwicklung, welche treue Berufserfüllung dem Weibe sichert.[5]

Worte einer Frau, die die Feder aufnahm, obwohl es ihr nicht gebührte. Die Frauen waren so unterdrückt, dass sie nicht wagten zu reden, geschweige denn zu schreiben. In den ersten Worten suchte sie eine Entschuldigung, dass sie schreibt. Eigentlich dürfte sie gar nicht schreiben, und doch tut sie es. Sie muss sich rechtfertigen vor der Männerwelt.

[5] Album einer Frau, Hannover, Carl Rümpler, 1872, S. 1-2.

Und plötzlich wird der Chindlistein zum Mahnmahl für die Unterdrückung und den Missbrauch der Frau.

5 Sagen

Steine haben nun mal etwas Mystisches, etwas Unheimliches, etwas Anziehendes und Abstoßendes. Man will dahin und doch fürchtet man sich. Jedoch ist nicht der Stein das Mysterium, sondern der Mensch, der mit seinem Suchen nach dem Unheimlichen und seinem Drang nach Geschichten und Geschichten erzählen wollen immer neue erfindet. Mystik und Fantasien lassen sich zu spannenden Geschichten modellieren. So wird oder wurde zum Beispiel die »Rebus« Türe im Heimat-und-Rebbau-Museum zu Spiez als mystische Türe angepriesen. Jedoch handelt es sich um eine ganz normale Türe mit einem in der Intarsientechnik angebrachten Rebus. Ein Rebus ist nichts anderes als ein Bilderrätsel. Das lateinische Wort *rebus* bedeutet: »durch Dinge«, also durch Dinge (Bilder, Zahlen, Buchstaben, Ziffern) einen Wortlaut zu gestalten. Der Rebus ist ein Rätsel, bestehend aus Bildern und/oder Zeichen, die durch eine bestimmte Anordnung einen neuen Sinn ergeben. Die Rebustüre im Museum ist eine schöne, von einem mäßig begabten Schreiner hergestellte Türe, welche von einem anderen Haus in den Besitz des Museums kam. Nur durch die Fantasie von Menschen, wurde diese normale, schöne Türe zu einem Mysterium. Eine aus der Märchenwelt hergeholte, absolut unwahre Geschichte wurde und wird erzählt, diese wird weitererzählt und so wurde ein Mysterium geschaffen, welches bis heute anhielt. Diese Rebustüre ist eine ganz normale Türe, die eine bestimmte Funktion hat, nämlich zwei Zimmer mit einem beweglichen Brett voneinander zu trennen und doch begehbar zu machen. Jede Art von Mystik ist an den Haaren herbeigezogen und entbehrt jeder, auch nur der kleinsten Wahrheit.

In der vierzehnbändigen Ausgabe »Sagen der Schweiz« finden wir nur zwei Sagen zum Thema Kinderstein. Und diese beiden Kurzgeschichten werde ich nun an dieser Stelle weitergeben:

Der Kinderstein
Am Dorfbach zu Oberägeri liegt ein großer Stein, bei dem die kleinen Kinder geholt werden.[6]

Dr Chindlischtäi
In Schwyz brachte früher der Tschütschi-Waldbruder die kleinen Kinder. Er holte sie unter der balmartigen Einbuchtung eines riesigen Steines hervor, der heute noch westlich der Tschütschi-Waldlichtung am Rand eines schmalen, wenig begangenen Waldweges liegt. Man nennt den Felsen »Chindlistäi«. Wer das Ohr auf den Stein

---

[6] Sagen der Schweiz, Glarus, Zug, Ex Libris Verlag Zürich, 1987, S. 198.

legt, kann das Weinen der Ungeborenen hören. Es gab sogar Leute, die eine kopfartige Kugel aus dem Stein heraustreten sahen. Wer sich ein Kind wünschte, umkreiste den »Chindlistäi« und betete.[7]

So weit die beiden einzigen schriftlich erhaltenen Sagen zu den Chindlisteinen in der Schweiz. Die mündliche Überlieferung ist in dieser Angelegenheit um ein Vielfaches größer und somit ist auch der Fantasie alle Freiheit gewährt.

---

[7] Sagen der Schweiz, Schwyz, Ex Libris Verlag, 1986, S. 45.

6 Mythologie

An dieser Stelle wage ich einen kurzen Abstecher in die Mythologie und dahin, was die Steine alles können sollen oder was von den Steinen gewünscht wird. Wunschdenken, Hoffnung und vom Alltag ablenken, die Realität ausblenden und in Fantasie und Träumen schwelgen, kann oft die schwierigen Lebensumstände erträglich machen und eine Antwort auf unangenehme Fragen sein. Einsamkeit, Angst, Unterdrückung, vor allem Unterdrückung von Frauen und jungen Mädchen, aber auch Hoffnungslosigkeit und Schamgefühle waren ein guter Nährboden für Ausreden und die Erfindung von allerlei schaurigen Geschichten. Geschichten, die so oft und mit einer solchen Überzeugung dargelegt wurden, dass sie nach einer gewissen Zeit als Wirklichkeit empfunden werden konnten. Geschichten, welche die Christianisierung, die Reformation, die französische Revolution und die Aufklärung überstanden und bis heute, der Zeit der elektronischen Medien, überlebt haben. Hier in Einigen am Thunersee, aber auch in Meran im Südtirol oder in Ludwigsburg, sah ich Menschen, welche Bäume umarmen. Bäume, die Kraft und Energie spenden sollten. Nun ja, jeder darf an das glauben, was er momentan für richtig hält, und wenn es für eine kurze oder längere Zeit anhält, ist dies doch alles, was es braucht. Wer sich nach einem Besuch bei einem bestimmten Baum, einem Stein, einer Grotte, einem Wegkreuz oder einer Ruine besser fühlt, der braucht vorerst noch keinen Psychiater und wird mit guten Gedanken seinen Weg gehen. Um sich jedoch mit dem Wort Mythologie auseinandersetzen zu können, müssen wir wissen, was das Wort beinhaltet. Wir beginnen mit dem Wort Mysterium und arbeiten uns sorgfältig bis zum Wort Mythologie durch. Die Quellen für diese kurze Wortanalyse sind wissenschaftlich anerkannt und werden in der Fußnote genannt.

Mysterium; *»Geheimlehre, Geheimkult; [religiöses] Geheimnis«. Das in deutschen Texten seit dem 16. Jahrhundert bezeugte Fremdwort geht – wie auch französisch »mystère« und englisch »mystery« – auf lateinisch »mysterium« zurück, das seinerseits aus griechisch »mystērion«, kultische Weihe, Geheimkult übernommen ist. Dies ist eine Bildung zu griechisch »mystēs« der (speziell in Eleusischen[8] Geheimlehren) Eingeweihte, das selbst von einem nicht bezeugten Adjektiv, griechisch mýstos (verschwiegen) abgeleitet ist. Stammwort ist das griechische Verb mÿein (sich schliessen) (von Lippen und Augen), das elementarverwandt ist mit den unter Maul dargestellten Wörtern schallnachahmenden Ursprungs.*

[8] Geheimkult im alten Athen

Mysteriös: *»geheimnisvoll, rätselhaft,dunkel.«*

Mystik: *»religiöse Bewegung (des Mittelalters), die den Menschen durch innere Versenkung und Hingabe zu persönlicher Vereinigung mit Gott bringen will, ein bis in die Spätantike zurückreichendes Wort, das sich aus dem Adjektiv lateinisch »mysticus« (griechisch mystikós zu den Mysterien gehörend; geheim geheimnisvoll) entwickelte. Danach das Adjektiv* ***mystisch*** *die Mystik betreffend; geheimnisvoll.«*

Mythos*: »Sage und Dichtung (von Göttern, Dämonen und Helden) aus der Vorzeit eines Volkes, daneben mit lateinischer Endung* ***Mythus*** *und eingedeutscht* ***Mythe:*** *Das Fremdwort ist eine Entlehnung aus griechisch (lat.) mȳthos (Wort, Rede; Erzählung, Fabel, Sage). Dazu das Adjektiv* ***mythisch*** *die Mythen betreffend, sagenhaft.«*

Mythologie: *Gesamtheit der überlieferten Mythen; Mythenforschung (aus Griech. Mȳthologia).*[9]

Nach dieser aus dem Duden entnommenen Deutung des Wortes Mysterium erlaube ich mir, noch eine zweite Wortanalyse in diese Arbeit einzubauen:

---

[9] Duden, Das Herkunftswörterbuch, 7, 4. Auflage, 2006

Mysterium, Mysterien *(griech., lat. Mysterium): Geheime Kulte, die nur Eingeweihten (Mysten) zugänglich waren, fast ausnahmslos in Fruchtbarkeitskulten wurzeln, meist das Schicksal eines Paares nämlich einer Muttergöttin und eines Heros oder Halbgottes als inhaltlichen Kern haben, Vereinigung von Menschheit und Gottheit und bevorzugtes Weiterleben nach dem Tod versprechen. Die bekanntesten griechischen Mysterien waren die von Eleusis (Demeter), Samothrake (Kabiren), die Mysterien des Orpheus und Dionysos waren an keinen bestimmten Ort gebunden. Hinzu kamen im Hellenismus aus dem vorderen Orient die Mysterien des Adonis, der Kybele, der Isis und des Osiris und des Mithras. Eine Abhängigkeit des Christentums von den Mysterienreligionen besteht nicht, wenn auch im Wortgebrauch ein gewisser Einfluss sowie einzelne äußere Parallelen (z.B. für Taufe, Eucharistie, Firmung) aufgezeigt werden können und im Rahmen des Brauchtums antiker Kulte einige Formen übernommen und abgewandelt worden sind.*[10]

In dieser kurzen Worterklärung kommt der begriff Fruchtbarkeitskult vor und diesem wollen wir uns nun vorsichtig annähern. Ein Urtrieb des Menschen ist die Fortpflanzung, um dafür zu sorgen, dass der Reichtum sich vermehren kann und

---

[10] Konrad Fuchs, Heribert Raab, dtv Wörterbuch zur Geschichte, Band 2, 1972, S. 543

im Alter für die ältere Generation gesorgt wird. Kinder zu bekommen, war enorm wichtig, und machte ein Mädchen erst zur Frau. Wer keine Kinder bekommen konnte, hatte eher Mühe, sich im Leben zu behaupten und konnte von der Gesellschaft ausgestoßen werden. Das war sicher einer der Gründe, warum Kulte heraufbeschwört und erfunden wurden, welche die Fruchtbarkeit begründeten.

7 Kindlisteine

Nun stellt sich die Frage, wie aus einem Erratischen Block ein Kindlistein wurde. Da es in vielen Teilen der Schweiz Chindlisteine gibt, die unabhängig voneinander so genannt wurden, muss etwas Reelles da gewesen sein, diese Erratiker mit Kindern in Verbindung zu bringen. Alleine im heutigen Kanton Bern ist eine Vielzahl von Kindlisteinen auszumachen. Im SSDI (Steindenkmäler-Inventar Kanton Bern) sind diese alle zusammengefasst unter den Bezeichnungen »Chindlistein, Kindlistein, Poppelstein und Tittistein«. In alphabetischer Anordnung werde ich nun in Kürze auf diese Steine hinweisen.

*Einer steht in **Amsoldingen**, im Bergli am mordwestlichen Rand des Bodenwaldes, er wird als Toggelistein/Chindlistein beschrieben.* Seine Beschaffenheit ist aus Gneis und er wurde vom Aaregletscher nach Amsoldingen verfrachtet.

*In der Gemeinde **Beatenberg**, im Ruchenbühl ob Sundlauenen, steht der Druidenstein, der auch Toggelistein genannt wird. Es ist ein Opferstein mit Verwitterungsschäden, dessen Gestein aus Hohgantsandstein besteht.*

Oberhalb des Wegkreuzes Grausteinweg, Vogelsang in ***Biel****, ist ein grauer Stein, der Graustein, oder eben Kindlistein. Der Findling ist vier Meter hoch mit einigen verdächtigen Eintiefungen, der Stein ist Montblanc Granit und ist seit 1940 geschützt.*

Im Underberg, im Bachgraben in ***Blumenstein****, steht der Kindlistein, auch Underbergstein genannt, der aus Gasterngranit besteht.*

In ***Brienzwiler*** *im Toggelerwald, am Strässchen Brienzwiler-Wyssensee, befindet sich der Doggelistein, auch Kindlistein genannt. Es ist der Aufenthaltsort der Doggeli (Zwerge), und der Herkunft der kleinen Kinder. Der Stein, aus feinkörniger Biotitgneis, wurde im Jahr 1955 unter staatlichen Schutz gestellt.*

Im Burgerwald von ***Dotzigen,*** *steht der »Blauer-Stein«, auch Chinglistein genannt. Der Stein ist Molasse, ein harter Sandstein.*

Am Fussweg von Brienzwiler gegen das Seldli in ***Hofstetten,*** *steht ein Toggelistein. Kinder wurden dort von Dämonen geholt.*

Im Wichel (Wychel) bei ***Innertkirchen,*** *steht der Boozeller Stäin, auch Boozistäin (Boozi = Ko-*

bold), ein Kindlistein. Von dort soll man früher die Kinder geholt haben. Ein zweiter Kindlistein befindet sich in der selben Gemeinde bei Geissgädmer oberhalb Unterstock.

In ***Kriechenwil****, bei Näschmatten, am Grenzpunkt zwischen Bern und Freiburg ist von einem verschwundenen Kindlistein die Rede.*

Im Steinewald in Wengen, in der Gemeinde ***Lauterbrunnen****, gibt es den Chilchstein, der auch Kindlistein genannt wird.*

Bei Interlaken auf dem Chlyne Ruuge (Kleiner Rugen), in ***Matten*** *ist ein Chindlistei, mit der Inschrift: »Kindlestein«.*

In ***Sigriswil*** *werden gleich zwei Steine mit dem Wort Kind in Zusammenhang gebracht. Zum einen auf der Aeschlenallmend der Kapfstein, auch Chinglistein, und auf dem Hubel oberhalb des Tüelboden ist der Schloss-Stein, auch Chinglistein oder Tüfelstei genannt.*

Dem Katzenstein, Kindlistein zu ***Spiez*** *ist diese Arbeit gewidmet.*

In Strättligen, im Holz zu ***Thun,*** *steht der Kindlistein, ein Gleitstein, der vom Gletscher hin getragen wurde. Das Gestein ist Grimsel Granit.*

Und in ***Uetendorf,*** *am Hang (Huttenrain), westlich des Weges vom Friedhof nach dem Eichberg, am Fuß der Buchshalde, ist der Kindlistein. Er wird auch Teufelstein genannt, oder Teufelsburde, was bedeutet, er sei dem Teufel aus der Hutte gefallen. Es ist ein Kalkfindling (Bänderkalk).*[11]

Das sind die 17 Kindlisteine, welche im Inventar der Kulturgütergruppe Steindenkmäler der Schweiz aufgeführt sind. Ob es noch mehr gab oder noch gibt, ist mit großer Wahrscheinlichkeit nicht mehr zu ergründen, weil einige auch zerstört wurden. Yves Schumacher nimmt im »Steinkultbuch Schweiz« dazu folgende Stellung: »*Allein im Kanton Bern gibt es ein Dutzend Blöcke, die als Chindlisteine bezeichnet werden. Ludwig Schmalz, der die Namen- und Schalensteine im Kanton Bern inventarisiert hat, weist auf den bezeichnenden Umstand hin, dass die meisten Chindlisteine im Oberland oder in dessen Nähe liegen. Dass auch das Mittelland noch im letzte Jahrhundert mit Chindli- und Rutschsteinen voll-*

---

[11] http://www.ssdi.ch/inventar/BE.htm 15. 08.2014. Alle im Abschnitt 7. „Kindlisteine", in Kursivschrift verfassten Angaben, sind aus dem „Inventar der Kulturgütergruppe Steindenkmäler der Schweiz".

gespickt war, belegt ein Verzeichnis der Findlinge im Kanton Aargau aus dem Jahre 1878. Darin stellt der Geologe Fritz Mühleberg 35 erratische Blöcke vor, die mittlerweile alle verschwunden sind. Sieben große Findlinge sind darin als Chindlisteine bezeichnet. Der Historiker Ernst L. Rochholz zählt zur Jahrhundertwende sogar 17 Blöcke im Kanton Aargau, die von der Bevölkerung als Chindlisteine, Chleichindlistein, oder Düttelistei bezeichnet wurden.[12]

Das Wort Findling bedeutet »ein ausgesetztes Kind«, aber auch einen Stein, der nach Jahrtausend langem umherirren, seinen Platz gefunden hat. *Ehemals von Fund abgeleitet, dann aber auf finden bezogen, sind die folgenden Wörter: Findel ... (jetzt nur in Findelhaus und Findelkind; Frühneuhochdeutsch = fündel, gefundenes Kind. Ist Verkleinerungsbildung zu Fund. Findling (Mittelhochdeutsch vundelinc = ausgesetztes gefundenes Kind. Seit dem 15. Jahrhundert auch mit –i-) im 19. Jahrhundert übertragen für erratischer Block.*[13]

Findling als Kind und Findling als Stein sind somit näher miteinander verbunden, als bisher angenommen. Aber es gibt auch große Steine, die keine Findlinge und schon gar nicht erratische

---

[12] Schumacher Yves, Steinkultbuch Schweiz, edition amalia, Bern 1998, S. 147-148

[13] Duden, Das Herkunftswörterbuch, 4. Auflage, Dudenverlag, Mannheim, Zürich, 2006, S. 217

Blöcke sind. So steht in einigen nahe der Hauptstraße bei der Kander ein großer Stein auf einem kleinen Mätteli. Dieser Stein wurde durch Menschenhand mit einem gewaltigen Pneulader an diesen Ort hingelegt. Es ist der Gedenkstein für Samuel Bodmer, dem Erbauer der Ableitung der Kander in den Thunersee.

8 Steingeschichten

Viele Geschichten kursieren zu diesen sagenhaften Steinen. Geschichten, die bis zum heutigen Tag noch erzählt werden. Jedoch muss man schon klar ausformulieren, warum es gerade an diesem Stein ein Interesse gibt, und wenn man dann einmal das Vertrauen aufgebaut hat, ist es gut möglich, dass gewisse alte Geschichte nacherzählt werden. Leider konnte ich nicht zu jedem Kindlistein etwas Spezielles in Erfahrung bringen. Aber die Aussagen, die ich bei meinen Forschungsreisen und beim Fotografieren herausfinden konnte, haben eine gewaltige und spannende Zeugniskraft. Und diese Berichte versuche ich nun möglichst wortgetreu weiterzugeben.

Der Stein in Ruchenbühl, in der Gemeinde Beatenberg, liegt oberhalb Sundlauenen. Der einzige Weg von Sundlauenen nach Beatenberg führte über Ruchenbühl, wo auch das Schulhaus war. Unmittelbar am Wegrand, 30 Meter vom Schulhaus entfernt, liegt er, der sagenumwobene Stein. Ich hatte die Möglichkeit mit der heutigen Bewohnerin des alten Schulhauses zu sprechen, die ihre Informationen von ihrem Ehemann und der von seinen Eltern hatte:

»Mitternachts sei es verboten gewesen, sich dem Stein zu nähern, auch durfte man nicht auf die Terrasse vor dem Hause, denn um diese Zeit tanzten die Geister um den Toggelistein. Niemand sei in der Nacht den Weg, der am Stein vorbei führte, gegangen. Vor etwa fünfzig Jahren wurde ein Foto vom Stein gemacht; als das Foto entwickelt war und es betrachtet wurde, sah man ein menschliches Gesicht auf dem Stein. Da müsse schon etwas Merkwürdiges mit diesem Sten seiin, dass ein Gesicht zu erkennen war.«

Im Inventar der »Kulturgütergruppe Steindenkmäler der Schweiz« wird dieser Stein als Druidenstein oder auch Toggelistein bezeichnet. Das Wort Druidenstein ist den Bewohnern im Ruchenbühl nicht bekannt, sie nennen ihn Toggelistein. Weil es der einzige Druidenstein ist, der auch ein Toggelistein oder eben Kindlistein ist, werde ich mich kurz mit dem Wort Druiden auseinandersetzen. *Druiden sind die Eichenkundigen, eine Bezeichnung für die altheidnischen Priester der Kelten in Britannien und Gallien; sie waren als Stand organisiert und entsprachen den indischen Brahamanen. Die Priesterkaste der Druiden bestand bereits seit Indogermanischer Zeit. Zur Zeit Caesars bildeten sie in Gallien einen geschlossenen Stand; er teilte sich mit dem der Ritter in die Herrschaft über das Volk. Die Spitze der Druiden wurde repräsentiert durch einen obersten Druiden. Ihre Funktionen als Priester waren mannigfach: sie bewahrten nicht nur die religiöse Geheimlehre, sondern übten auch die Kunst der Weissagung aus; darüber hinaus waren sie Richter, Heil- und Sternkundige. Eine überaus wichtige Rolle spielte der Kult der Eiche. Wesentlicher Bestandteil der Lehre der Druiden war ein neues Leben nach dem Tode sowie der Seelenwanderung. Vor allem zwei Gründe waren es, die Kaiser Claudius (Reg. 41-54n. Chr.) veranlassten, den druidischen Gottesdienst aufzuheben: einmal dessen Verbindung mit Menschenopfern, sodann die Tatsache, dass die Druiden die einzigen wirklichen Träger eines keltischen Nationalbewusstsein waren, das nicht zuletzt im Kult verankert war. Die Druiden verschwanden, als Gallien allmählich romanisiert bzw. – wie auch Schottland und Irland – christianisiert wurde.*[14]

Wie dieser Stein zum Druidenstein wurde, konnte ich nicht erörtern, ob dies etwas mit der Beatussage zu tun hat, wäre eine Möglichkeit, jedoch eher unglaubwürdig, da die Geschichte vom Drachen und dem Beatus aus Frankreich importiert wurde.

Toggelistein passt schon eher in diese Gegend, wurden doch die kleine Zwerge Doggeli genannt und auch die Herkunft der kleinen Kinder. So sind wir wieder beim Kindlistein. Ein Kindlistein war immer an einem eher abseits gelegenen, jedoch einem oft besuchten Ort. Der Weg von Sundlaue-

---

[14] Konrad Fuchs, Heribert Raab, dtv Wörterbuch zur Geschichte, Band 1, deutscher Taschenbuch Verlag, 1972. S. 217-218.

nen nach Beatenberg wurde ganz sicher jeden Sonntag begangen, war es doch der Kirchweg. Auch bei Leichenzügen passierte eine größere Menschenmenge den Stein. So konnte eine Frau, die ungewollt ein Kind zur Welt brachte, ihr Neugeborenes kurz vor dem Durchzug der Predigtgänger hinlegen, in der Hoffnung, dass es schrie, und schnell gefunden wurde. So wurde auch dieser Stein zum Kindlistein, wo die Kinder herkamen.

In Uetendorf erzählte mir ein Anwohner des Kindlisteins, der auch Teufelstein genannt wird, dass sie sich nicht dem Stein nähern durften. Hier liege der Teufel begraben, und wenn jemand zu nahe heran trete, stürze der Stein hinunter und begrabe alle, die davor stehen.

Als ich den Toggelerwald in Brienzwiler suchte und noch nach dem Toggelistein fragte, blickte ich nur in fragende Augen. Bei der dritten Person konnte ich auf den richtigen Weg gewiesen werden, jedoch vom Kindlistein hatte sie noch nie gehört. Da es auch noch in Hofstetten bei Brienz eine Toiggelistein geben sollte, fragte ich weiter, aber auch da konnte mir vorerst keiner weiterhelfen. Bis ein Mann von diesem ominösen Stein wusste und mich nach Brienzwiler verwies. Jedoch von da kam ich gerade, so stellte ich fest, dass es nur einen Kindlistein in dieser Region gab. Er ist auf dem Weg von Brienzwiler nach Hofstetten, da, wo recht viele Menschen täglich beim Stein vorbeikamen und ein Baby finden konnten.

Kein Baby finden konnte man in Wengen beim Chilchstein, der im Steinewald zu finden ist. Dieser Chilchstein wurde auch Kindlistein genannt, jedoch ist dieser Ausdruck heute nicht mehr im Bewusstsein der Bewohner von Wengen. So, wie ich es sehe, war dieser nie ein Kindlistein, da er oberhalb von Wengen liegt, an einem Ort, wo nur sehr selten jemand hinkam. Keine Mutter hätte ihr Kleinkind an einen solch abgelegenen Ort hingelegt, da die Möglichkeit, dieses zu finden, extrem klein war, was bedeutete, dass das Kind dem sicheren Tod ausgesetzt gewesen wäre. Im Gespräch mit Dorfbewohnern wurde nur, wenn überhaupt, vom Chilchstein gesprochen, der heute ein Kletterübungsstein ist. Warum dieser Chilchstein heißt, wusste niemand zu beantworten, und das Wort Kindlistein kannte niemand, weder in Wengen noch in Lauterbrunnen. Somit sind von den 17 Kindlisteinen im Kanton Bern noch 15 zu sehen. In Kriechenwil ist von einem verschwundenen Kindlistein die Rede und in Wengen ist keiner.

9 Dunghaufen

Schon immer war es die Aufgabe der Mitmenschen, des Stammes, der Dorfgemeinschaft und später des Staates, für die Witwen und Waisen zu sorgen. Kriege, Vergewaltigungen, aber auch Männer, die nichts von den von ihnen gezeugten Kindern wissen wollten und diese verleugneten, machte Babys schon ab der Geburt zu Halbwaisen. Und die Schande, ein uneheliches Kind zur Welt gebracht zu haben, veranlasste einige Mütter zu schwerwiegenden Entscheidungen. Viele brachten es nicht übers Herz, ihr Neugeborenes zu töten. So wurde ein Ort aufgesucht, der täglich besucht wurde, jedoch nicht mitten im Dorf, sondern außerhalb, wenn möglich an einem Hügel oder bei einem Felsen lag. Die Mutter musste das Baby so deponieren, dass es sehr schnell gefunden werden konnte, und da bot sich der Dunghaufen als idealer Ort an. Hier wurden täglich, oft mehrmals, die tierischen Exkremente deponiert.

Der Dunghaufen, wo die Ammen die Kinder holten, ist schon im Jahr 8 v. Chr. belegt. In einem Ammenvertrag aus Alexandria, im römischen Ägypten, wird der Fundort eines Babys mit Dunghaufen angegeben. Im Vertrag sind die Dauer, die Vergütung und die Zahlungsweise exakt festgelegt. Auf einer Liste von 40 Ammenverträgen aus dem römischen Ägypten aus den Jahren 232 v. Chr. bis 305 n. Chr. sind acht Kinder »vom Dunghaufen«.

Das Aussetzen der Kinder wurde nach bestimmten Kriterien gemacht. Wollte die Mutter, dass das Kind nicht überlebt, so legte sie es an einen Ort, wo es nur schwerlich gefunden werden konnte. Diese ausgesetzten Kinder fielen meist wilden Tieren oder Raubtieren zum Opfer. Es kam jedoch auch vor, dass sie von Fremden aufgenommen und versklavt wurden. War es aber der Wunsch der Mutter, dass ihr Kind möglichst schnell gefunden wurde und somit eine größere Überlebenschance erhielt, so legte sie es an einen Ort, wo es sehr schnell gefunden werden konnte. Die Schwierigkeit war, nicht gesehen zu werden beim Hinlegen des Kindes und doch die Gewissheit zu haben, dass es in »gute« Hände kommen möge. So hat sich der Dunghaufen als ein idealer Platz erwiesen, aber auch das Hinlegen bei Kirchen, bei schützenden Felsen und großen Steinblöcken gab eine gewisse Sicherheit für ein eher schnelles Auffinden und somit eine höhere Überlebenschance. Das Neugeborene wurde somit zum Findelkind und musste fremdbetreut werden.

10 Findelkind

Das wohl bekannteste Findelkind finden wir in der Bibel im zweiten Buch Mose. Zum besseren Verständnis werde ich die Verse 1. 15- 22, und 2. 1-10 in ungekürzter Form wiedergeben: *»Und der König von Ägypten sprach zu den hebräischen Hebammen, von denen die eine Schihra hieß und die andere Pua: Wenn ihr den hebräischen Frauen helft und bei der Geburt seht, dass es ein Sohn ist, so tötet ihn; ist's aber eine Tochter, so lasst sie leben. Aber die Hebammen fürchteten Gott und taten nicht, wie der König von Ägypten ihnen gesagt hatte, sondern ließen die Kinder leben. Da rief der König von Ägypten die Hebammen und sprach zu ihnen: Warum tut ihr das, dass ihr die Kinder leben lasst? Die Hebammen antworteten dem Pharao: Die hebräischen Frauen sind nicht wie die ägyptischen, denn sie sind kräftige Frauen. Ehe die Hebamme zu ihnen kommt, haben sie geboren. Darum tat Gott den Hebammen Gutes. Und das Volk mehrte sich und wurde stark. Und weil die Hebammen Gott fürchteten, segnete er ihre Häuser. Da gebot der Pharao seinem ganzen Volk und sprach: Alle Söhne, die geboren werden, werft in den Nil, aber die Töchter lasst leben.*

Und es ging hin ein Mann vom Hause Levi und nahm ein Mädchen aus dem Haus Levi zur Frau. Und sie ward schwanger und gebar einen Sohn.

Und als sie sah, dass es ein feines Kind war, verbarg sie ihn drei Monate. Als sie ihn nicht mehr länger verbergen konnte, machte sie ein Kästlein von Rohr und verklebte es mit Erdharz und Pech und legte das Kind hinein und setzte das Kästlein in das Schilf am Ufer des Nils. Aber seine Schwester stand von ferne, um zu erfahren, wie es ihm ergehen würde. Und die Tochter des Pharao ging hinab und wollte baden im Nil, und ihre Gespielinnen gingen am Ufer hin und her. Und als sie das Kästlein im Schilf sah, sandte sie ihre Magd hin und ließ es holen. Und als sie es auftat, sah sie das Kind, und siehe, das Knäblein weinte. Da jammerte es sie, und sie sprach: Es ist eines von den hebräischen Kindlein. Da sprach die Schwester zu der Tochter des Pharao: Soll ich hingehen und eine der hebräischen Frauen rufen, die da stillt, dass sie dir das Kindlein stille? Die Tochter des Pharao sprach zu ihr: Geh hin. Das Mädchen ging hin und rief die Mutter des Kindes. Da sprach die Tochter des Pharao zu ihr: Nimm das Kindlein mit und stille es mir; ich will es dir lohnen. Die Frau nahm das Kind und stillte es. Und als das Kind groß war, brachte sie es der Tochter des Pharao, und es ward ihr Sohn, und sie nannte ihn Mose; denn sie sprach: Ich habe ihn aus dem Wasser gezogen.[15]

---

[15] Die Bibel, nach der Übersetzung Martin Luthers, Württembergische Bibelanstalt, Stuttgart

Ein Kind, das nicht hätte leben dürfen, wurde so ausgesetzt, dass es schnell gefunden wurde. Eine Amme wurde beauftragt, das Kind für eine bestimmte Zeit zu stillen, wofür sie entlohnt wurde. Dies ist die etwa bekannteste Geschichte zur Aussetzung von Säuglingen. Weitere bekannte Beispiele, welche Moses als Grundlage gebrauchte, sind Ödipus und Sargon von Akkad.

Ödipus ist eine Gestalt aus der griechischen Mythologie, auf dem vom Orakel von Delphi einen Fluch lastete: *»Solltest du dich je unterstehen, einen Sohn zu zeugen, so wird dieser seinen Vater erschlagen und seine Mutter heiraten. Iokaste bekam tatsächlich einen Sohn. Laios ließ also im Einverständnis mit seiner Frau Iokaste dem Neugeborenen die Füße durchstechen, zusammenbinden und ihn von einem Hirten so im Kithairon-Gebirge aussetzen. Der Hirte aber hatte Mitleid mit dem Neugeborenen und übergab ihn einem vorbeiziehenden Hirten aus Korinth. Über diesen gelangte das Kind zum König Polybos von Korinth und wurde von ihm adoptiert. Seine Frau Merope oder nach anderer Überlieferung Periboia heilte seine Wunden. Sie nannte ihn wegen seiner geschwollenen Füße Oidipus (»Schwellfuss«).*[16]

[16] http.//de.wikipedia.org/wiki/%C3%96dipus, 21.09.2014

Sargon von Akkad war von 2356 bis 2300 v. Chr. König von Akkad, mit ihm beginnt eine neue Ära, der in der Geschichte von Mesopotamien. Der Text der Geburtslegende Sargons ist auf Tontafeln aus der Bibliothek Assurbanipals in Ninive erhalten. Er lautet nach einer neueren deutschen Bearbeitung:

»Scharrukin (=Sargon), der starke König von Akkad bin ich. Meine Mutter war eine Verstoßene, meinen Vater kannte ich nicht. Die Verwandtschaft meines Vaters wohnt im Gebirge. Meine Geburtstadt ist die Stadt Safran, die am Ufer des Euphrat liegt. Es empfing mich die Mutter, die Verstoßene gebar mich heimlich. Sie legte mich in einen Korb aus Schilf, mit Asphalt verschloß sie meine Öffnungen. Sie ließ mich auf dem Fluss nieder, aus dem ich nicht mehr selbst emporsteigen konnte. Der Fluss trug mich, zu Aqqi dem Wasserschöpfer brachte er mich. Aqqi der Wasserschöpfer holte mich wahrscheinlich durch ein Eintauchen des Eimers herauf. Aqqi der Wasserschöpfer nahm mich zu seiner Sohnschaft an, er zog mich wahrlich groß. Aqqi der Wasserschöpfer setzte mich wahrscheinlich in seiner Gartenarbeit ein. Bei meiner Gartenarbeit gewann mich die Ischtar wahrlich lieb.[17]

Auch bei Akkad war eine verstossene Mutter, kein Vater, ein Korb und der Fluss. Und die fol-

---

[17] http://de.wikipedia.org/wiki/Sargon_von_Akkad, 21. 09. 2014

gende Sage beinhaltet die selben Grundeigenschaften:

In der römischen Mythologie wird den Findelkindern Romulus und Remus die Gründung der Stadt Rom im Jahr 753 v. Chr. zugeschrieben. Der Sage nach waren sie die Kinder des Kriegsgottes Mars und der Priesterin Rhea Silvia. Nach deren Geburt wurden die Kinder auf Befehl des Königs Amulius in einem Weidenkorb auf dem Tiber ausgesetzt. Eine vom Schreien der Kinder angelockte Wölfin (Mamma Lupa) brachte sie in ihre Höhle und säugte sie. Ein Specht brachte ihnen zusätzlich Nahrung. Schließlich wurden sie von Faustus entdeckt, dem Hirten des Königs. Der Schweinehirt und seine Frau nahmen daraufhin die Kinder auf und zogen sie groß, ohne zu wissen, wer sie waren.[18]

Auch bei dieser Aussetzung ist eine Anlehnung an Moses erkennbar, ein Korb und der Fluss, der Rest ist Mythologie.

In Mailand wurde im Jahr 781, im Auftrag der Kirche, das erste Findelhaus gebaut, ein Ort, wo die Mutter das Kind anonym, in einen an der Aussenmauer angebauten »Erker« legen konnte und mit einer Glocke die Ankunft meldete. Diese Findelkinder mussten nun betreut und mit Nahrung

---

[18] http://de. Wikipedia.Org/wiki/Findelkind, 17. 08.2014

versorgt werden. Das war nun die Aufgabe der Ammen.

Dass gerade in Mailand in einem Kloster im Auftrag der Kirche ein erstes Findelhaus eingerichtet wurde, könnte zum Gedanken verleiten, dass auch ungewollte Kinder von Nonnen und Mönchen das Licht der Welt erblickten. So konnten diese Babys anonym dem Kloster übergeben werden und ohne das Wissen der Mitbrüder und Schwestern, bei einem Teil der Eltern aufzuwachsen. In Bern wurden die Mönchs- und Nonnenkinder ertränkt (Kindlifresserbrunnen), in Mailand und weiteren Städten mit Klöstern wurden die ungewollten Kinder via Babyklappe den Eltern zurückgegeben. Auch die Mädchen, die von einem Mönch oder Priester schwanger wurden, konnten auf diese weise ihr Kind dem Vater mittels Babyklappe zurückgeben. Dies war auch die einzige Möglichkeit, dass eine junge Frau die Verantwortung dem Erzeuger übergeben konnte. Wobei nicht der mögliche Vater selbst für das Wohl des Kindes sorgte, sondern die Klostergemeinschaft, die es womöglich zur Adoption freigab.

Dass hinter den Klostermauern nicht nur gearbeitet und gebetet wurde, können wir aus verschiedenen Berichten entnehmen. Im Buch »Interlaken – Vom Kloster zum Fremdenkurort« finden wir folgende eindeutigen Worte: »*Wenn die Klös-*

ter klagen, sie fänden nicht mehr ihr Auskommen und könnten die Pflichten der Barmherzigkeit und der Gastfreundschaft nicht mehr üben, so lag die Ursache nicht nur in den nachlassenden Vergabungen, sondern auch in der geheimen Schwäche des Klosters.« Was dies für Schwächen waren, wird wie folgt beschrieben: »*Am 24. Dezember 1484 wurde mit päpstlicher Bulle durch Innozenz VIII. die Aufhebung des Frauenklosters verfügt, und zwar wegen eingerissener Unordnung des Frauenklosters und Sittenlosigkeit der Frauen daselbst, ...«*[19] Ob nun das Kloster Interlaken eine Brutstätte des Lasters gewesen war, wage ich zu bezweifeln, jedoch liegt auch in dieser Geschichte ein bisschen Wahrheit.

Die Sexualität macht auch bei Kirchenmännern und -frauen keine Ausnahme, ist es doch ein ganz natürlicher Trieb. In der Zeitung vom Donnerstag, 25. September 2014, fand ich folgenden Text: *Mit ausdrücklicher Genehmigung von Papst Franziskus wurde im Vatikan der Polnische Erzbischof und Ex-Nuntius Josef Wesolowski verhaftet und unter Hausarrest gestellt. Dem polnischen Prälaten wird schwerer Kindesmissbrauch vorgeworfen.*[20]

---

[19] Rudolf Gallati, Interlaken- Vom Kloster zum Fremdenkurort, Verlag Scläfli AG Interlaken, 1977, S.19. u. S. 22.

[20] Berner Oberländer, 25. September 2014, S. 15, Text: Dominik Straub, Rom

Diese Worte zeugen von so einer großen Aussagekraft, dass ich diese nicht weiter erörtern will.

11 Ammen

Ammen sind Frauen, die nach einer eigenen Schwangerschaft stillfähig sind, und zusätzlich zu ihrem eigenen Kind, oder nach dem Tod des Kindes bereit waren, mit der Milcherzeugung in ihren Brüsten ein fremdes Kind zu stillen. Schon im Alten Testament wird von Debora, der Amme von Rebekka, berichtet, und die Gründer Roms, Romulus und Remus, so will es die Sage, wurden von einer Wölfin gestillt. Frauen, die ihre Milch zur Verfügung stellten, hatten oft einen Vertrag und waren für die Region von großer Bedeutung.

Das lat. Wort ist »nutrix«, was Amme, Ernährerin, aber auch Brüste bedeutet. Und obschon im Frühneuhochdeutsch das Wort Amme mit Hebamme übersetzt wird, stammt das Wort Hebamme nicht von Amme.

Dass die Ammen die Kinder beim Kindlistein holten, ist eher unwahrscheinlich. So wie ich es sehe, wurde, wenn ein Säugling gefunden wurde, eine stillfähige Frau gesucht, die bereit war, den Findling zu ernähren. Ammen wurde aber auch in der Oberschicht eingesetzt. Weil eine stillende Frau nicht schwanger werden konnte, wurden die Neugeborenen Ammen anvertraut, um möglichst schnell wieder schwanger zu werden, um die Nachfolge zu sichern.

12 Babyklappe

Vom Dunghaufen zum Kindlistein und zur Babyklappe, das war immer ein sicherer Weg, dem ungewollten Kinde ein würdiges Leben zu ermöglichen. Wichtig war vor allem, dass die Kinder, die Findlinge, sehr schnell gefunden und einer Amme übergeben werden konnte. Der Katzenstein zu Spiez wurde vom Gletscher an seinen heutigen Standort geschoben und niedergelegt. Auch besteht durchaus die Möglichkeit, dass bei diesem markanten Stein der Dung hingebracht und somit besucht wurde. Das würde auch erklären, dass der Stein zum Kindlistein wurde. Die Bewohner von Spiez, sie lebten damals im Gebiet unter dem Schloss, im Stedtli, was die Annahme nährt, dass der Misthaufen, der auch oft übel roch, außerhalb und oberhalb der Bewohner angelegt wurde. Der große Vorteil, den dieser Stein bot, war, dass der ausgesetzte Säugling nicht direkt neben den Dunghaufen gelegt werden musste, sondern eher an eine geschützte Seite, von Geruch und Witterung geschützt, jedoch so, dass ein Auffinden des Findlings schnell möglich war. Daher kommt die Sage, dass die Amme die Kinder beim Kindlistein holt. Dies war auch eine Möglichkeit, den ständig fragenden Kindern eine Antwort zum Kinderkriegen zu geben. Somit wurde die Amme zur Frau, die die Kinder beim Kindlistein holte und den

Frauen im Dorf gab. Aufklärung war noch kein reelles Thema, man redete nicht von Zeugen, nicht von Mann und Frau, die zusammenkamen, auch nicht von Liebe und Treue. Was natürlich dazu führte, dass junge Burschen und Mädchen wenig oder nichts wussten vom Kinderzeugen und Empfängnis, sodass immer wieder ungewollte Kinder zum Kindlistein gebracht wurden, und die Geschichte immer wieder aufs Neue erzählt werden konnte. Und es war auch gar nicht gelogen: Die Kinder kamen ja vom Kindlistein.

Ungewollte Kinder sind bis zu heutigen Tag ein reelles Thema. Obschon die Verhütungsprodukte allen frei zugänglich sind und die jungen Leute nicht nur von den Eltern, sondern auch in der Schule recht gut aufs Sexualleben vorbereitet werden, werden immer noch, aus welchen Gründen auch immer, Kinder gezeugt, die es eigentlich gar nicht geben dürfte. Nachdem in Mailand im Jahr 787 das erste Findelhaus eröffnet wurde, folgte um das Jahr 1200 eines in Einbeck, welches als eines der ersten in Deutschland erwähnt wird. *Der Papst Innozenz III verfügte im Jahre 1194, innerhalb eines Spitals in Rom ein Findelhaus mit einer besonderen Drehlade einzurichten, das heißt, mit einer Klappe in der Klostermauer. So konnte ein kleines Kind in die Klappe hineingelegt und durch Drehung des Kastens ins Innere befördert werden. Diese Babyklappen ermöglichten eine geheime Ablage der Findelkinder. Sie lösten damit auch ein innerkirchliches Problem: (Uneheliche) Kinder von Geistlichen waren der Öffentlichkeit entzogen.*[21]

Seit dem Jahr 2001 gibt es nun auch in der Schweiz wieder Babyklappen. Die erste wurde in Einsiedeln eingerichtet und schon ein Jahr später, am 5. September 2002, hatte jemand ein Baby in die Babyklappe gelegt. Es war ein Knabe, der 2640 Gramm wog und 59,5 cm maß. Es folgten weitere Kinder, zwei im Jahr 2005, eines im Jahr 2008, zwei 2010, und je eines in den Jahren 2012, 2013 und 2014. Fünf Mädchen und vier Knaben wurde auf diese weise ein würdiges Leben geschenkt. Es folgten weitere Babyklappen in Olten, Bellinzona, Bern und Davos. In Olten wurde im Jahr 1014 ein Mädchen, in Bern 2014 auch ein Mädchen in die Obhut von Pflegeeltern übergeben.

[21] http://de.wikipedia.org/wiki/Findelkind, 17. 08.2014

13 Storch

Nun kommt noch die Frage auf, wie denn der Storch zu seiner Ehre kam, Kinder zu bringen. Auch das hat mit dem Kindlistein zu tun. Diese Steine waren oft riesige Felsen in der Landschaft. Steine, die von weit her gesehen und auch täglich oder regelmäßig besucht wurden. Was auch ein idealer Ort für die Störche auf der Durchreise war oder wo sie ihr Nest bauten und die Jungen ausbrüteten. Ich sehe den Katzenstein von Spiez vor meinem geistigen Auge. Ein Storchenpaar in einem recht großen runden Nest, recht viel Flugbewegung zur Nahrungsversorgung. Die Menschen unten in Spiez beobachten dieses Treiben und haben sich an die Störche gewöhnt. Nun muss ein junges Mädchen, das wusste, dass der Storch die Kinder bringt, sein auf natürliche Weise gezeugtes Kind zum Kindlistein bringen, in der Hoffnung, dass es sehr schnell gefunden wird, um von einer Amme versorgt zu werden. Da könnten Eltern mit einer Erklärungsnot schnell auf den Gedanken gekommen sein, den Kindern zu erzählen, die Kinder seien dem Storch aus dem Nest gefallen, die Amme habe es gefunden und ihnen zur Betreuung gebracht. So, nun wissen es alle genau: Die Kinder kommen vom Storch, der auf dem grossen Stein ob dem Dorf nistet. Die Idee dass der Storch die Säuglinge bringt, machte Hans

Christian Andersen mit seinem Märchen »Die Störche« sehr populär. Nach deutscher Folklore und europäischen Legenden überbringt der Storch die Säuglinge, die er in Höhlen oder Sümpfen gefunden hat. Ein Bild von Carl Spitzweg zeigt, wie ein Storch über einem Dorf ein Baby abwirft, wo auf einem Dorfplatz zwei junge Frauen und ein Mädchen mit ihren Schürzen versuchen, das gewickelte Baby aufzufangen.

An dieser Stelle sei es mir erlaubt, das Märchen **Die Störche** von Hans Christian Andersen ungekürzt weiter zu geben:

Auf dem letzten Hause in einem kleinen Dorfe saß ein Storchnest. Die Storchmutter saß darin bei ihren Jungen, welche die Köpfe mit den spitzigen schwarzen Schnäbeln, denn sie waren noch nicht rot geworden, hervorstreckten. Eine kleine Strecke davon stand auf dem Dachrücken, stramm und steif, der Storchvater; er hatte ein Bein in die Höhe gezogen, um doch nicht ganz müßig zu sein, während er Schildwache stände. Man sollte glauben, er wäre aus Holz geschnitzt gewesen, so still stand er da. »Es sieht gewiss recht vornehm aus, dass meine Frau einen Schildwache beim Nest hat!«, dachte er. »Sie können ja nicht wissen, dass ich ihr Mann bin. Sie glauben sicher, dass ich commandiert worden bin, hier zu stehen. Das sieht so nobel aus!« Und er fuhr fort auf einem Beine zu stehen.

Unten auf der Straße spielte eine Schar Kinder; und als sie die Störche gewahrten, sang einer der mutigsten Knaben, und später alle zusammen, den alten Vers von den Störchen. Aber sie sangen ihn nur so, wie er sich dessen entsinnen konnte:

»Storch, Storch, fliege heim
Stehe nicht auf einem Bein;
Deine Frau im Neste liegt,
Wo sie ihre Jungen wiegt.
das eine wird gehängt,
das andere wird versengt,
Das dritte man erschießt,
Das vierte wird gespießt.«

»Höre nur was die Knaben singen!«, sagen die Storchenkinder; »Sie singen, wir sollen gehängt und versengt werden!«

»Daran sollt ihr euch nicht kehren!«, sagte die Storchenmutter. »Hört nur nicht darauf, so schadet es gar nichts!«

Aber die Knaben fuhren fort, zu singen, und sie ächten den Storch mit ihren Fingern aus; nur ein Knabe, welcher Peter hieß, sagte, dass es eine Sünde sei, die Tiere zum Besten zu haben, und wollte auch gar nicht mit dabei sein. Die Storchenmutter tröstete die Jungen: »Kümmert euch nicht darum, seht nur, wie ruhig euer Vater steht, und zwar auf einem Beine!«

»Wir fürchten uns sehr!«, sagten die Jungen und zogen die Köpfe tief ins Nest zurück.

Am nächsten Tage, als die Kinder wieder zum Spielen zusammenkamen und die Störche erblickten, sangen sie ihr Lied:

»Das eine wird gehängt,
Das andere wird versengt.«

»Werden wir wohl gehängt und versenget werden?«, fragten die jungen Störche.

»Nein, sicher nicht!«, sagte die Mutter. »Ihr sollt fliegen lerne; ich werde euch schon einexerciren! Dann fliegen wir hinaus auf die Wiese und statten den Fröschen Besuch ab; die verneigen sich vor uns im Wasser und singen: Kaax, Kaax! Und dann essen wir sie auf: dass wir ein echtes Vergnügen abgeben!«

»Und was dann?«, fragte die Storchenjungen.

»Dann versammeln sich alle Störche, die hier im ganzen Lande sind, und es beginnt das Herbstmanöver; da muss man gut fliegen; das ist von großer Wichtigkeit. Denn wer nicht fliegen kann, wird vom General mit dem Schnabel totgestochen, deshalb gebt wohl Acht, etwas zu lernen, wenn das Exerciren anfängt!«

»So werden wir ja doch gespießt, wie die Knaben sangen, und höre nur, jetzt singen sie wieder.«

»Hört auf mich und nicht auf sie«, sagte die Storchenmutter. »Nach dem großen Manöver fliegen wir nach den warmen Ländern, weit von hier, über Berge und Wälder. Nach Ägypten fliegen

wir, wo es dreieckige Steinhäuser gibt, die, in eine Spitze auslaufend, bis über die Wolken ragen; sie werden Pyramiden genannt und sind älter, als eín Storch es sich denken kann. Dort ist ein Fluss, welcher aus seinem Bette tritt; dann wird das ganze Land zu Schlamm. man geht in Schlamm und isst Frösche.«

»O!«, sagten alle Jungen.

»Ja! dort ist es herrlich! Man tut den ganzen Tag nichts anderes als essen; und während wir es dort so gut haben, ist in diesem Lande hier nicht ein grünes Blatt auf den Bäumen; hier ist es so kalt, dass die Wolken in Stücke frieren und in kleinen, weißen Lappen herunterfallen!« Es war der Schnee, den sie meinte, aber sie konnte es nicht anders erklären.

»Frieren dann auch die unartigen Knaben in Stücke?«, fragten die jungen Störche.

»Nein, in Stücke frieren sie nicht; aber sie sind nahe daran und müssen in der dunkeln Stube sitzen und duckmäusern. Ihr könnt dagegen in fremden Ländern umherfliegen, wo es Blumen und warmen Sonnenschein gibt.«

Nun war schon einige Zeit verstrichen; und die Jungen waren so groß geworden, dass sie im Neste aufrecht stehen und umhergehen konnten; und der Storchenvater kam jeden Tag mit schönen Fröschen, kleinen Schlangen und allen Schleckereien, die er finden konnte. O, das sah lustig aus, *wie er Kunststücke vormachte! Den Kopf legte er ganz zurück bis auf den Schwanz; mit dem Schnabel klapperte er, als wäre es eine kleine Knarre und dann erzählte er ihnen Geschichten, alle vom Sumpfe.*

»Hört, nun müsst ihr fliegen lernen!«, sagte eines Tages die Storchenmutter; und dann mussten alle vier Jungen hinaus auf den Dachrücken. O, wie sie schwankten, wie sie mit den Flügen balancierten; und doch waren sie nahe daran, herunter zu fallen!

»Seht nur auf mich!«, sagte die Mutter. »So müsst ihr den Kopf halten! So müsst ihr die Füße stellen! Eins, zwei! Eins, zwei! das ist es, was euch in der Welt fort helfen wird!« Dann flog sie ein kleines Stück, und die Jungen machten einen kleinen, unbeholfenen Sprung. Bums! Da lagen sie, denn ihr Körper war zu schwerfällig.

»Ich will nicht fliegen!«, sagte das eine Junge und kroch wieder ins Nest hinauf; »mir liegt nichts daran, nach den warmen Ländern zu kommen!«

»Willst du denn hier erfrieren, wenn es Winter wird? Sollen die Knaben kommen, dich zu hängen, zu sengen und zu braten? Nun werde ich sie rufen!«

»O, nein!«, sagte der junge Storch und hüpfte dann wieder auf das Dach, wie die andern. Am dritten Tage konnten sie schon ein bisschen flie-

gen, und da glaubten sie, dass sie auch schweben und auf der Luft ruhen könnten! Das wollten sie, aber, bums!, da purzelten sie; darum mussten sie schnell die Flügel wieder rühren. Nun kamen die Knaben unten auf die Straße und sangen ihr Lied:

»Storch, Storch, fliege heim!«

»Wollen wir nicht hinunterfliegen und ihnen die Augen ausstechen?«, fragten die Jungen.

»Nein, lasst das sein!«, sagte die Mutter. »Hört nur auf mich, das ist wichtiger! Eins, zwei, drei! nun fliegen wir rechts herum; Eins, zwei, drei! nun links um den Schornstein! – Seht, das war sehr gut! Der letzte Schlag mit den Füßen war so niedlich und richtig, dass ihr die Erlaubnis erhalten sollt, morgen mit mir in den Sumpf zu fliegen! Da kommen mehrere nette Storchenfamilien mit ihren Kindern hin; zeigt ihnen nun, dass die meinen die niedlichsten sind, und dass ihr recht einherstolziert; das sieht gut aus und verschafft Ansehen!«

»Aber sollen wir denn nicht an den unartigen Buben Rache nehmen?«, fragten die jungen Störche.

»Lasst sie schreien, so viel sie wollen! Ihr fliegt doch zu den Wolken auf, und kommt nach dem Land der Pyramiden, wenn sie frieren müssen und kein grünes Blatt, keinen süßen Apfel haben!«

»Ja, wir wollen uns rächen!« zischelten sie einander zu, und dann wurde wieder exercirt.

Von allen Knaben auf der Straße war keiner ärger darauf erpicht, das Spottlied zu singen, als gerade der, welcher damit angefangen hatte, und das war ein ganz kleiner; er war wohl nicht mehr als sechs Jahre alt. Die jungen Störche glaubten freilich, dass er hundert Jahre zähle, denn er war ja um vieles größer als ihre Muter und ihr Vater, und was wussten sie davon, wie alt Kinder und große Menschen sein könnten! Ihre ganze Rache sollte diesen Knaben treffen; er hatte zuerst begonnen und er blieb auch immer dabei. Die jungen Störche waren sehr aufgebracht, und als sie größer wurden, wollten sie es noch weniger dulden; die Mutter musste ihnen zuletzt versprechen, dass sie gerächt werden sollten, aber erst am letzten Tage ihres Aufenthalts.

»Wir müssen ja erst sehen, wie ihr euch bei dem großen Manöver benehmen werdet! Besteht ihr schlecht, sodass der General euch den Schnabel durch die Brust stößt, dann haben die ja Knaben recht, wenigstens in einer Weise! Lasst uns nun sehen!«

»Ja, das sollst du!«, sagten die Jungen, und nun gaben sie sich recht Mühe; sie übten jeden Tag und flogen so niedlich und leicht, dass es eine Lust war.

Nun kam der Herbst: alle Störche begannen, sich zu sammeln und nach den warmen Ländern fortzuziehen, während wir Winter hatten. Das war ein Manöver! Über Wälder und Dörfer mussten sie, nur um zu sehen, wie gut sie fliegen könnten, denn es war eine große Reise, die ihnen bevorstand. Die jungen Störche machten die Sache so brav, dass sie »Ausgezeichnet gut, mit Frosch und Schlangen« erhielten. Das war das allerbeste Zeugnis, und den Frosch und die Schlangen konnten sie essen; das taten sie auch.

»Nun wollen wir uns rächen!«, sagten sie.

»Ja gewiss!«, sagte die Storchenmutter. »Was ich mir ausgedacht, ist gerade das Richtigste! Ich weiß, wo der Teich ist, in dem all die kleinen Menschenkinder liegen, bis der Storch kommt und sie den Eltern bringt. Die niedlichen, kleinen Kinder schlafen und träumen so lieblich, wie sie später nie mehr träumen. Alle Eltern wollen so ein kleines Kind haben, und alle Kinder wollen eine Schwester oder einen Bruder haben. Nun wollen wir nach dem Teiche fliegen und eines für jedes der Kinder holen, welche das böse Lied gesungen und die Störche zum Besten gehabt haben!«

»Aber der, welcher zu singen angefangen, der schlimme, hässliche Knabe!«. schrien die jungen Störche; »was machen wir mit ihm?«

»Da liegt im Teich ein kleines, totes Kind, das sich tot geträumt hat; das wollen wir für ihn nehmen; da wird er meinen, weil wir ihm eine kleinen, toten Bruder gebracht haben; aber dem guten Knaben – ihn habt ihr nicht vergessen, ihn,

der da sagte: Es sei Unrecht, die Tiere zum Besten zu haben! – ihm wollen wir sowohl einen Bruder als eine Schwester bringen. Und da der Knabe Peter hieß, so sollt ihr auch allesamt Peter heißen!«

Und es geschah, wie sie sagten; und es hießen alle Störche Peter, und so werden sie noch genannt.[22]

Dieser Text ist ein Märchen des großartigen Dichters Hans Christian Andersen. Er gibt den Störchen menschliche Gedanken und lässt sie miteinander sprechen. Der Leser wird ins Storchennest getragen und schaut auf die bösen Buben hinunter, er ist den Störchen näher als den Menschen, er fühlt mit den Störchen und lernt mit den Störchen fliegen. Die Kinder im Sumpfe, die der Storch den Menschen bringt, träumen, träumen so, wie sie es, wenn sie beim Menschen sind, nie mehr tun können.

---

[22] H. C. Andersen's, Sämtliche Märchen, Einzige vom Verfasser besorgte deutsche Ausgabe, Leipzig, Ed. Wartig's Verlag (Ernst Hoppe) 1888, S. 23-27

14 Rutschstein

Aber noch eine andere Sage wird dem Kindlistein zugesagt. Er habe auch die Fähigkeit, Frauen ihren Kinderwunsch zu erfüllen. Dazu mussten die jungen Frauen, die sich nach einem Kinde sehnten, auf den Stein klettern und mit nacktem Hinterteil den Stein hinunterrutschen. Dieses Ritual helfe, gesunde Kinder zu bekommen. Ob diese Kinder nun der Storch brachte, oder ob ein Mann unten am Stein auf die Frau mit dem nackten Hintern wartete, um ihr bei der Zeugung beizustehen, entzieht sich meiner Kenntnis. *Ein 1880 aufgezeichneter Bericht bezieht sich auf Carnac (Dép. Morbihan, F.). Der Chronist bemerkte ein kinderloses Ehepaar aus der Umgebung, das sich nachts einem Menhir näherte. Die Frau legte ihre Kleider ab und rannte im Schein des Vollmondes splitternackt um den Menhir herum. Ihr Mann jagte hinter ihr her, bis sie sich »ermüdeten«. Unterdessen standen die Eltern Wache, um neugierige Fremde abzuhalten.“*[23] Bei der Zeugung spielte der Mann immer eine wesentliche Rolle, jedoch auch die Durchblutung der weiblichen Organe ist für die Erfüllung des Kinderwunsches von großer Bedeutung. Ob nun um einen Stein gerannt wird, ein Stein bestiegen und heruntergerutscht oder

---

[23] Yves Schuhmacher, Steinkultbuch Schweiz, 1998, Edition Amalia, Bern, S. 135

sonstige sportliche Betätigungen ausgeführt wurden, die Bewegung regte die Durchblutung an, sodass eine Befruchtung eher möglich war.

In einem Text aus dem Schweizerischen Archiv für Volkskunde fand ich folgenden Worte:

Einige Sagen und Traditionen aus dem Freiamt, im Aargau.

Von B. Reber in Genf.

1. Sagen.

Da ich das Freiamt, meine engere Heimat, seit über 30 Jahren und Benzenschwil, meinen Geburtsort, seit 40 Jahren verlassen habe, kann ich es sich hier nur um eine Jugenderinnerung handeln. Immerhin wäre zu bedauern, wenn die Sage von »Kindlistein«, welche sich nicht in der umfangreichen Sammlung von Rochholz befindet, ganz der Vergessenheit anheimfallen würde.

Der Kindlistein, auch Heubeeristein (Heubeeri, Heu beerli, Heidelbeere, Vaccinium Myrtillus L.) genannt, lag in dem Thälchen der kurz vorher zwei Dorfbäche (Weissenbach und Püntenbach), hinter dem Dorfe, in der Richtung gegen Merenschwand. Unter diesem Steine, einem bedeutenden, erratischen Blocke, befanden sich die Neugeborneti (Neugeborenen). Die Hebamme, welche zum Zwecke der Abholung der Kinder bei dem betreffenden Steine eintraf, hatte anzuklopfen und dann pfeifend einen dreimaligen Rundgang um den Block herum anzutreten. Brachte sie es zu Stande, den Stein, ohne mit dem Pfeifen aussetzen zu müssen, dreimal zu umkreisen, so fand sie ein Knäblein, im anderen Falle ein Mädchen. Leider ist der Heubeeristein verschwunden. Er wurde gesprengt und zur Einmauerung des Baches von Merenschwand verwendet.

Bei einem jüngst in Benzenschwil abgestatteten Besuche brachte ich eine zweite Version der Sage in Erfahrung. Darnach hatte sich die Hebamme mit dem nackten Unaussprechlichen oben auf den Stein zu setzen und herunter zu rutschen. So trivial vielleicht einigen diese Angabe erscheinen mag, so ist dieselbe doch ganz ernsthaft gemeint. Bei so einem wichtigen Geschäfte, wie den Erhalten der zukünftigen Generation, wird nicht gespaßt. Übrigens erinnert mich diese Angabe an zwei andere Steine, nämlich die Pirra Louzenta bei Vissoye im Eifischthal (Wallis), welche ganz in der Nähe eines bedeutenden vorhistorischen Monumentes, der Pierre-aux-Püss, liegt, dann die Pirra Ljozet bei Thory, im französischen Jura, welche selbst mit vorhistorischen Skulpturen versehen ist. Beide Blöcke befinden sich ziemlich von den menschlichen Wohnungen entfernt, an einsamen Orten, zeigen aber jeder eine breite Rinne, welche für eine Rutschrinne gehalten werden kann.

Daher der Name Rutschstein. Im Eifischthal heisst louz enter rutschen, Lou-zenta der Rutsch.

Die Rinne des betreuenden Steines wird, wie es scheint, von den Schäfern und Gaisbuben auch heute gelegentlich noch zum Rutschvergnügen benutzt. Der Stein im Jura (französischen Departement Ain) liegt ziemlich vergessen im Gebüsch des steinigen Gebirges. Da ich die Gegend auf vorhistorische Monumente durchforschte, blieb kein Block unberücksichtigt. Wie mir der Führer, ein alter, sehr verständiger Mann aus Thoiry, den Namen mitteilte, fiel mir sofort die soeben erwähnte Pirra Louzenta ein. Es ist hier aber nichts über die Gewohnheit des Darüberrutschens bekannt, dieselbe wird nur vermutet.[24]

So weit der übernommene Text. Kindlisteine und Rutschsteine haben gewisse Gemeinsamkeiten. Anbei noch zwei Anmerkungen: Nicht die Hebamme, sondern die Amme holte die Kinder beim Kindlisten. Die Hebamme hilft bei der natürlichen Geburt, die Amme umsorgt die Babys und gibt ihnen die »Brust«, ernährt sie mit »Muttermilch«. Auch finde ich es irreführend, wenn geschrieben steht, die Hebamme rutsche den Stein hinunter. Das machte die junge Frau, welche sich ein Kind wünschte.

---

24 http:/www.forgottenbooks.com/readbook_text/Schweizerisches_Arciv_FuYr_Volkskunde 27.09.2014

Im Buch »Magische Reisen Bern« schreibt Kurt Derungs: *Gemäß berichte alter Einheimischer seien früher die jungen Frauen des Ortes auf dem Stein herabgerutscht, um ein Kind zu bekommen. Dies ist eine der ältesten Praktiken im Steinkult überhaupt, denn durch den engen Kontakt mit dem Stein, d.h. mit dem weiblichen Wesen, das der Fels verkörpert, nehmen junge Frauen eine Kinder- und Ahnenseele auf und führen sie wieder ins diesseitige Leben der Menschen«.*

Somit handelt es sich bei diesen Findlingen um klassische Fruchtbarkeitssteine. Ein Rutschstein kann auch ein Kindlistein sein, denn es besteht durchaus die Möglichkeit, dass auch hier ungewollte Kinder hingelegt wurden.

Bei meinen Forschungen zum Thema Kindlistein begegneten mir fast immer dieselben oder ähnliche Geschichten. So gibt es sicher auch erratische Blöcke, die nicht mit diesen Geschichten behaftet sind, jedoch auch zu Kinderkultzwecken gebraucht wurden. In Amsoldingen bei Thun wurde ich vorsorglich gleich zu beiden Steinen geschickt.

15 Der Katzenstein im Winzerdorf

Kindlisteine sind in der Schweiz an verschiedenen Orten zu finden und auch die Geschichten, die erzählt werden, sind sehr ähnlich. Eine dieser Geschichten erachte ich als eher unglaubwürdig: Keine Mutter würde ihr Kind irgendwo verstecken. Zum Kindlistein von Heiden, im Grenzgebiet der Gemeinden Reute und Oberegg, ist Folgendes zu lesen: »Hier sollen vor allem in Hungerszeiten und bei Verfolgung durch Feinde kleine Kinder versteckt worden sein.«[25] Der Katzenstein zu Spiez ist auch ein Kindlistein und es werden die unmöglichsten Geschichten herumgeboten, aber so wie ich aus Gesprächen mit Einheimischen erfahren habe, weiß niemand so richtig Bescheid, was es mit diesem markanten Stein so an sich hat, obschon jeder Erzähler von seiner Meinung sehr überzeugt ist. Keiner konnte mir jedoch sagen, wo denn die Kinder herkamen, welche beim Stein abgeholt wurden. Und gerade das Woher ist doch der wichtigste Punkt.

Der Mensch neigt nun einmal dazu, wenn er mit dem Wissen am Anschlag ist, der Fantasie freien Lauf zu lassen. Aber auch Wissen und nicht zur Wahrheit sehen können oder wollen veranlasst das intelligente Wesen dazu, tief in den Wunschdenken-Topf zu greifen und erfundene Geschichten

[25] Eggenberger Peter, Appenzeller Kalender, Band 285, 2006

so oft und nachhaltig zu verbreiten, bis sie der Erzähler selber glaubt. Dabei gehen diese Erzählungen durch verschiedene Köpfe und Münder weiter, sodass sie immer zu neuen Geschichten werden. Geschichten, die aller Wahrheit fern sind, sodass sie auch nicht als Sagen bezeichnet werden können. Sagen beinhalten irgendwo in der Ferne ein bisschen Wahrheit. Aus welchen Motiven auch immer wird noch heute versucht, die Wahrheit zu verdrängen, die Tatsachen auszublenden, historische Begebenheiten zurückzustellen und moderne, zeitgemäße und unwahre Slogans zu bilden. Wir in Spiez können sehr stolz sein, an einem Ort zu leben, der eine über tausendjährige wahre Geschichte hat. Seit über 1000 Jahren werden in diesem Ort Reben kultiviert und zu Wein gekeltert. Spiez ist ein Winzerdorf, das Winzerdorf am See, das Dorf mit dem Kindlistein in den Reben. Somit ist es absolut nicht nötig, irgendeine Identität zu suchen, welche mit beiden Händen an den Haaren herbeigezogen werden muss und absolut nichts mit Spiez zu tun hat. Möge es gelingen, dass diese neuen Erkenntnisse dazu beitragen, dass alle Frauen, die zu Unrecht vorverurteilt, verurteilt, ausgestoßen, gefoltert und hingerichtet wurden, rehabilitiert werden können. Dass solche »Hexenjagden« in der heutigen Zeit keinen Platz mehr finden und dass Spiez zu seiner wahren Geschichte sorge trägt und weltweit mit Stolz und

Freude als das Winzerdorf am Thunersee mit dem Katzenstein in Erinnerung bleibt.